Klirr

1. Auflage 2019
- Aktualisierte und erweiterte Neuausgabe -

Texte und Cartoons: Oli Hilbring
Lektorat: Antje Haubner und Leonie Bartels, Herstellung: Ralf Wagner
Printed in Latvia
Triff uns auf facebook.com/Lappan Verlag und auf intsagram.com/lappanverlag
www.lappan.de

FSC
www.fsc.org
MIX
Papier aus verantwortungsvollen Quellen
FSC® C002795

Ganz Deutschland läuft mit hängendem Kopf durch die Gegend und glotzt auf das Smartphone. Aber du bist auf dem richtigen Weg, du hast gerade ein witziges Cartoonbuch und nicht schon wieder dein Handy in der Hand. Glückwunsch! Der erste Schritt ist getan.

Kopf hoch!
Smartphone ist heilbar.

Endlich mal wieder blättern, nicht immer nur scrollen und swipen. Dieses Buch zeigt, was passieren wird, wenn du dein Smartphone nicht öfter zur Seite legst und der App-Test warnt dich sogar vor unsinngen Downloads. Lade jetzt deinen Humor-Akku auf!
Viel Spaß mit den lustigen Smartphone-Cartoons von Oli Hilbring.

HANDY-SHOP
Ich brauch noch 'ne Schutzhülle, Mama.
Die hättest du vor neun Monaten gebraucht.

Wir kennen uns von Snapchat.

Spreche ich mit der Tierklinik?

Jesus hat eine Gruppe erstellt

Jesus So, jetzt können wir das Abendmahl besser planen. :)

Jakobus
Ich bring Wein mit.

Jesus
Wasser reicht völlig aus, Jakobus :)

Judas hat die Gruppe verlassen

Jesus
Was ist nur mit ihm los?

facebook bei 230 km/h. Gefällt mir!

Wir müssen los.

Eine Vermisstenanzeige?
Hallo! Mein Sohn war zwei Stunden nicht online.
POLIZEI

Wir kennen jetzt die Ursache für Ihr Bauchzucken nach der Operation.
Kollege Meyer vermisst sein Smartphone!

App-Test schreibt ...

GHOST RADAR

Wenn Sie nebenbei bei den Ghostbusters arbeiten, ist dieses Hilfsmittel vielleicht unverzichtbar. Diese Applikation für Ihr Smartphone soll nämlich Geister aufspüren. Der Selbstversuch bei einer feuchtfröhlichen Familienfeier zeigt, dass das Eierlikör trinkende Schreckgespenst, im Volksmund auch Schwiegermutter genannt, von der App nicht erkannt wurde. Bei einem Versuch in unmittelbarer Nähe des Kölner Doms konnte diese App nicht mal den Heilligen Geist orten.

Fazit:
Paranormal ist nur, dass manche dieser Apps Geld kosten sollen.

Ja Chef,
ich bin gerade im
Archiv.

Zeig mir Ponys.
Suche Pornos ...

iPhone
Galaxy
Andere
356 | Bahnhof
VBB
Achtung!
Herzfrequenz sehr hoch!
Achtung!
Herz...

Hat der Luca ganz alleine gebastelt.
In dem Alter bauen die in Asien schon iPhones.

... ich bringe gerade meine kleine Schwester zum Kindergarten ...

Perfekter Standort.
HANDY REPARATUR SOFORT!

Diese App zeigt dir die Männer an, die solo sind. Da ...
Funktioniert.

Pling!
Hast Du endlich mal ein nettes Mädchen getroffen?
Liebe Grüße Mama

FREIES
WLAN

Guck mal Sohnemann, alte Tweets von mir.

Flacher Freitag schreibt ...

Huhu, ein Flachwitz für dich ...

Mama, warum liked nie jemand mein Profilbild.
Guck mal, dahinten ist Kinderschminken.
SOMMERFEST

Hallo Danni, ich weiß gar nicht, wie ich es sagen soll ...
Deshalb schick ich dir auch gleich mal eine Sprachnachricht.

Beep
Beep
Beep
Hey, ich dachte, ich bekomme Opas iPhone!

Pling!
Ey du Arschtrompete, dat Teil is allerhöchstens 250 Kracher wert!
Pling!
Bruda! Gibst du Rabatt? Ich hab Kinder und muss essen.
Pling!
Wie ist dein letzter Preis? Ich zahl die Hälfte!
Notiz an mich: Nie wieder Smartphone bei Ebay-Kleinanzeigen verkaufen.

Hi, hier ist Jutta.
Ich fand unser erstes
Date gestern total nett.
Wo steckst
du gerade?
TIERARZT

Eines der letzten Cafés, in dem man sich unterhalten kann.
KEIN WLAN!

Noch nie ein Babyphone gesehen, oder was?

Vermisst da unten jemand einen kleinen Hund mit Atemnot?

Selvieh!

Ja, was denn nu?
CAR To GO

Da wird demnächst aber einer die Sprachsteuerung für sein iPhone nutzen.

App-Test schreibt ...

FURZKISSEN-APP

Bevor man sich den spaßigen Fürzen widmen kann, landet man wie so oft bei solchen Apps auf irgendwelchen Werbeseiten. Das ist schon mal das Erste, was stinkt. Die Fürze als solches klingen ziemlich unnatürlich und stammen garantiert eher von Robotern mit Superblähungen. Der Selbstversuch in einem Restaurant mit einen Synthie-Pups für Aufsehen zu sorgen, schien nur zu funktionieren, weil der anwesende Kumpel zuvor Chili Con Carne gegessen hatte und unter Reizdarm litt. An diesem Abend klang der „Piched Fart“ daher verblüffend echt.

Fazit:
Es geht nichts über das gute alte Furzkissen, das man auf seinen Stuhl legt. Versuchen Sie das mal mit einem Handy.

SCHULE
Sie haben Glück, Herr Kollge, es hat niemand geposted.

Komm jetzt Siri, wir wollen nach Hause.
Ich habe dich nicht verstanden.
HILBRING

Und die Finger bleiben schön am Smartphone.
Papa!

G-Punkt finden. Sekündchen, ich guck mal bei Google Maps ...

Hey Kleiner, stell dein Handy mal auf Flugmodus!
Warum?

KINO

Jump! Go ahead, and jump.
Ganz witziger Klingelton, fürn Polizei-psychologen.
POLIZEI
POLIZEI

Das alte twitter Logo?

Hey Mädels, warum geht ihr?
Mein WLAN heißt "Jack the Ripper".

Das Marmeladenbrot
der digitalen Generation.
Klirr

Eine Woche
Stubenarrest.
Ohne WLAN.

Mit Instagram-
Filter sieht es
ganz okay aus.

Ich mach uns mal 'ne WhatsApp Gruppe.

Generation Smartphone hat dir ein Bild geschickt ...

Glotz mir ruhig aufs Handy, Papa. Ich hab nix zu verbergen.
Das ist ja das Problem.

Laut App müsste der Bus längst hier sein.
Pushaltestelle?
P

Ich muss Schluss machen, hat geklingelt!
LINIE 3

Eigener Pool, Meerblick...
Kein WLAN.

LÜGENDETEKTOR-APP

Sie wollen raus herausbekommen, ob Ihr Ehemann betrügt oder ob Ihre Mutter es war, die damals Ihre Schmuddelhefte zum Altpapier gebracht hat? Mit den Lügendetektor-Apps gar kein Problem. Einfach Frage stellen und den vermeitlichen Lügner einen Finger aufs Display legen lassen. Das Display misst die Vibrationen des Fingers und wenn der mutmaßliche Schwindler zittert wie ein Trinker auf Entzug, dann wissen Sie, es hat schon wieder nicht geklappt. Denn auf die einfache Frage an eine Frau „Bist du eine Frau?“ wurde diese Frau knallhart als Lügnerin überführt.

Fazit:
Warten Sie lieber, bis Ihrem Gegenüber eine lange Nase wächst. Das ist ähnlich effizient wie diese Apps.

Einfach immer rechts links wischen.
Kenn ick von Tinder.

Vergiss nicht die Oma zum Geburtstag anzurufen.
Wie ging nochmal dieses „Anrufen“?

Bist du bescheuert, das war mein iPhone!
BEEP BEEP

Immer nur am Smartphone, früher hast du dich noch mit mir unterhalten.
Früher fand ich die Dinger klobig und unattraktiv.

Ja doch, ich nehme es heute nicht mehr in die Hand.

... das war die WhatsApp Autokorrektur, ich besitze gar keine Schlabberhosen.
Oh, doch Schlabberhoden?

Suchst du eigentlich immer noch eine Freundin?
Bin jetzt bei O2. Such jetzt immer Netz.

Ja, total lustig, aber kann mal jemand die Feuerwehr anrufen?
Weißglas
Grünglas

Sein letzter Wunsch – per WhatsApp.

Oli Hilbring schreibt ...

Hallo, Oli hier. Ich wurde geboren, als die Telefone noch Wählscheiben hatten. Nach einer glücklichen Kindheit in einem Funkloch, telefonierte ich anfangs mit einem altem Nokia-Handy und spielte verdammt oft Snake. Mittlerweile bin ich Cartooist und habe Kinder im besten Smartphone-Alter. Der Irrsinn um Instagram, Snapchat und WhatsApp ist mir also geläufig. Und dass alle um mich herum kaum mehr die Finger vom smarten Phone bekommen, ist mir auch schon aufgefallen.
P.S. ich bin bekennender AC/DC Fans, und lebe mit Familie, Hund, einem WLAN-Router und fünf Smartphones in Bochum :)
Liebe Grüße Oli

LAPPAN hat dir lustige Buchtipps geschickt ...

ISBN 978-3-8303-6321-7

ISBN 978-3-8303-6279-1

ISBN 978-3-8303-6272-2

ISBN 978-3-8303-6315-6

www.lappan.de